Der Weinberg des Herrn

Albrecht Steinwachs

Der Weinberg des Herrn

Epitaph für Paul Eber
von Lucas Cranach d.J., 1569

Stadt- und Pfarrkirche St. Marien
Lutherstadt Wittenberg

Fotografien von Jürgen M. Pietsch

edition
AKANTHUS

Das Epitaph

Im Altarraum der Wittenberger Stadtkirche befinden sich eine Reihe von Epitaphe von Lucas Cranach d.J. In chronologischer Reihenfolge sind das: „Die Taufe Jesu“ für den 1558 verstorbenen ersten evangelischen Pfarrer der Stadtkirche, Johannes Bugenhagen; „Die Anbetung der Hirten“ für den Ratsherren Caspar Niemeck, verstorben 1562; für die 1563 verstorbene Sara Cracov, geborene Bugenhagen „Christus am Kreuz mit den Schächern“; für das Ehepaar Drachstedt (nach 1573) „Der gute Hirte“; „Jesus in Gethsemane“ für Anna Hetzner, verstorben 1573, und das 1586 geschaffene letzte Werk Cranach d.J. für den 1570 verstorbenen Professor Veit Oertel aus Windsheim „Die Bekehrung Pauli“.

Ein Epitaph ist ein Auftragswerk vermögender Bürger, gestiftet zum Gedächtnis für ein verstorbenes Familienmitglied. Die Cranachschen Epitaphe stellen den Verstorbenen mit seiner ganzen Familie dar, verstorbene Kinder werden weißgekleidet, engelsgleich eingefügt. Die Familie wird meist getrennt nach Geschlecht – links die männlichen, rechts die weiblichen Mitglieder – in eine biblische Szene gestellt, die in einer inneren Beziehung zum Verstorbenen und seiner Familie steht. Dem Betrachter, in erster Linie den Angehörigen, soll es ein Trostbild sein. Ob die Stifter mit ihrem Auftrag auch einen Bildwunsch verbunden haben, ist nicht bekannt. Bei der Bildwahl zeichnet sich Cranach d.J. durch ein besonderes Gespür für das Zutreffende aus. Mal knüpft er am Namen an (Bugenhagen), mal ist es der Beruf (Drachstedt), mal die besondere Lebenssituation (Niemeck). Die biblische Szene ist Ausdruck des Glaubens und Lebens der Betreffenden. Zu einem Epitaph gehört noch eine Lebensbeschreibung (vita) auf einer zusätzlichen oder integrierten Texttafel.

Als 1569 der Professor Paul Eber stirbt, lassen seine Kinder (duo fili et duae natae) bei Cranach d.J. ein Epitaph auf ihre Kosten malen. Cranach wählt dafür das Motiv des Weinbergs. /1/

Der Weinberg

Die Bibel gebraucht oft dieses jedem Leser wohlvertraute Bild. Der Weinbau ist eine der ältesten Anbaukulturen. Er ist in frühester Zeit bezeugt in Kleinasien, Griechenland, Ägypten und dem ganzen Mittelmeerraum. Auch Palästina ist ein altes Weinbauland. Viele Aussagen über den Weinbau können wir der Bibel entnehmen. Weingärten werden gewöhnlich an Berghängen angelegt. /2/ Damit der Boden nicht fortgeschwemmt wird, legt man Terrassen an. Den Garten umgibt man mit einer Mauer, um Schäden durch Wildschweine und andere Tiere zu verhindern. /3/ Der Boden wird von Steinen gesäubert und bewässert, die wachsenden Reben werden an Stöcken befestigt. Sie werden beschnitten /4/, um die Fruchtbarkeit zu steigern. Ein Wachturm wurde gebaut und eine Kelter ausgehauen. /5/ Der so angelegte Weingarten wird zum Weinberg, der viel Arbeit bei der Pflege und zur Zeit der Weinlese abverlangt.

Cranach d.J. malt einen solchen Weinberg und stellt ihn in eine Landschaft, die sich am Rand der rechten Bildhälfte auftut. Auf einem Felsen erhebt sich eine Burg, die sich im Vergleich mit anderen Stadtbildern aus der Zeit vor 1547 als Wittenberger Schloß deuten läßt. Im darunter befindlichen Tal steht ein Haus und im Hintergrund zeichnet sich die Silhouette einer Stadt ab. Vor dem Haus, das als Gasthaus oder Herberge gekennzeichnet ist, sitzt ein Mann auf einer Bank, während eine Frau aus dem Haus tritt und ihm einen Krug Wein zum Trinken bringt. Im Weinberg selbst sind eine Fülle von Arbeitern tätig. Beim Betrachten des Bildes erkennt man allerdings, daß dies keine gewöhnlichen Arbeiter sind, die hier zu Werke gehen. Der Weinberg wird zum Gleichnis für die Kirche, wie es besonders im Matthäus-Evangelium Kapitel 20 und 21 zu lesen ist. Eine enge Beziehung zu unserem Epitaph besteht auch zu der Klage des 80. Psalms über den Zustand des Weinbergs:

„*Warum hast du sein Gehege eingerissen,*
so daß alle ihn zerpflücken, die des Weges ziehen?
Es zerwühlt ihn der Eber aus dem Wald,
und die Tiere des Feldes fressen ihn ab.
O Gott der Heerscharen, kehre doch wieder!
Schau vom Himmel nieder und blicke her
und nimm dich dieses Weinbergs an,
des Setzlings, den du dir großgezogen!
Er ist mit Feuer verbrannt, ist abgehauen.“ /6/

REVERENDVS ET CLARISSIMVS VIR DOMINVS PAVLVS EBERVS SACRÆ THEOLOGIÆ DOCTOR ET PROFESSOR NATVS IN VRBE FRAN-
CIÆ KITTINGA HONESTIS PARENTIBVS ANNO CHRISTI MILLESIMO QVINGENTESIMO VNDECIMO DIE NOVEMBRIS OCTAVO INFELICI QVODAM CASV EQVO EXCVSSVS
ET AB ILLO LONGE LATEQVE RAPTATVS CORPORIS DECVS STATVRAM AC ROBVS AMISIT PVER ANNO CHRISTI MILLESIMO QVINGENTESIMO VI-
GESIMO QVARTO ÆTATIS TREDECIMO VIDIT ANNO SEQVENTI TRISTEM PATRIÆ CALAMITATEM ORTAM A SEDITIOSIS TVMVLTIBVS RVSTICORVM
TOTA PASSIM GERMANIA COMMOTORVM. POSTEA NORIBERGÆ AVDITO ALIQVANDIV VIRO CLARISSIMO D. IOACHIMO CAMERARIO ET IACTIS ERV-
DITIONIS SOLIDÆ FVNDAMENTIS FOELICISSIMIS VENIT IN HANC ACADEMIAM ANNO CHRISTI MILLESIMO QVINGENTESIMO TRIGESIMO SECVNDO
ÆTATIS VIGESIMO PRIMO VBI DILIGENTIA ET ASSIDVITATE SVMMA AVDIVIT ANNOS QVATVORDECIM LVTHERVM ET PHILIPPVM ET VIR ERAT INGENIO
DOCTRINARVM AVIDO ET CAPACI ET AD SVMMA OMNIA FACTO. INTRA HOC TEMPVS COGNITIS OMNIBVS PHILOSOPHIÆ PARTIBVS SIC EMINERE ATQVE INCLA-
RESCERE CEPIT VT ANNO MILLESIMO QVINGENTESIMO QVADRAGESIMO QVARTO IN SENATVM PROFESSORVM COOPTARETVR AC PRECIPVAM IN DO-
CENDO LAVDEM OMNIVM TESTIMONIO DEMERERETVR.

Paul Eber und der Weinberg

Paul Eber kniet mit seiner ganzen Familie am Zaun und wartet auf den Herrn des Weinbergs. Zu seiner Familie zählen 13 Kinder, von denen fünf, zwei Mädchen und drei Knaben, bereits verstorben sind. Sie knien weißgekleidet in der vorderen Reihe. Neben seiner Frau hält er kniend die aufgeschlagene Bibel in der Hand, an deren Übersetzung er mitgewirkt hat. Im Vertrauen auf Gottes Wort hat er gelebt. Wir verdanken ihm auch einige Kirchenlieder, die noch heute im Evangelischen Gesangbuch enthalten sind. /7/ So gehört er im Weinberg zu denen, die ihre Arbeit im Glauben getan haben. Als Theologe, Professor für das Alte Testament, Propst an der Schloßkirche, Stadtpfarrer und Generalsuperintendent des Kurkeises gehört er zu den Männern in Wittenberg, die einen wichtigen Beitrag zur Reformation geleistet haben. Im Weinberg schneidet er die Reben.

Warum wählt aber Cranach d.J. für dieses Epitaph das Motiv des Weinbergs? Er knüpft offensichtlich am Namen „Eber" an. In der Bannandrohungsbulle von Papst Leo X. vom 15. Juni 1520 wird das Bild des Weinbergs in scharfer Polemik gegen Luther verwendet. Petrus und Paulus und alle Heiligen werden von ihm zur Hilfe gerufen gegen einen wilden Eber, der in den Weinberg des Herrn eingebrochen sei, um ihn zu verwüsten.

Der Text lautet: „*Leo, Bischof, Diener der Diener Gottes. Zu ewigen Gedächtnis der Sache. Erhebe dich, o Herr, und verschaffe deiner Sache Recht. Sei deiner Schmähungen eingedenk, die von törichten Menschen täglich ausgehen. Schenke unseren Bitten Gehör, denn es sind Füchse aufgestanden, die sich anschicken, den Weinberg zu verwüsten … diesen Weinberg will ein Wildschwein (Eber) aus dem Walde verderben, und ein außerordentlich wildes Tier frißt ihn kahl … Martinus, sowie seine Anhänger, Helfer, Gönner und Beherberger ersuchen und ermahnen wir mit dieser Urkunde zum heiligen Gehorsam, und unter Zusicherung aller und jeder der genannten Strafen, die selbstverständlich daraus folgen, befehlen wir mit striktem Gebot, daß innerhalb von sechzig Tagen … Martinus persönlich sowie die erwähnten Helfer, Gönner, Anhänger und Beherberger von den genannten Irrtümern und ihrer Verbreitung, Veröffentlichung, Behauptung und Verteidigung wie von der Herausgabe von Büchern und Schriften über sie oder einen von ihnen gänzlich Abstand nehmen … Gegeben zu Rom bei Sankt Peter im Jahre der Menschwerdung des Herrn 1520, am 17. Tag vor den Kalenden des Juli, im achten Jahr unseres Pontifikats.*" /8/

Diese Bannandrohungsbulle hat als Väter Magister Prierias, den päpstlichen Kardinallegat in Deutschland Cajetan und Luthers Hauptgegner, den Ingolstädter Professor Dr. Johann Eck. Ziel ist der Widerruf und die Verbrennung von Luthers Büchern. Als die Nachricht von der Bannandrohungsbulle sich verbreitet, kommt es in vielen Städten zu Sympathiekundgebungen für den Reformator. Seine Reaktion ist ein demonstrativer Schritt. Unter dem Jubel und Beifall der Wittenberger Studenten verbrennt er am 10. Dezember 1520 um 9 Uhr vor dem Elstertor kirchliche Gesetzbücher, Schriften von Eck und anderer Gegner und zum Schluß einen Druck der Bannandrohungsbulle. Die Luthereiche an der Kreuzung vor dem Bahnhof erinnert heute an dieses Geschehen. Warum wählte Luther gerade diesen Platz für seine spektakuläre Tat? Er entscheidet sich für diese Stelle, weil hier sonst die Lumpen und Kleider der an Seuchen und Pest Verstorbenen verbrannt wurden! /9/

Auf diesem Hintergrund entsteht ein Weinbergbild, in dem sich die Situation der Auseinandersetzungen um 1520 widerspiegelt.

Die verteutscht
Bulle vnder dem na-
men des Bapst Leo des tze-
henden. Wyder do
ctor Marti-
nus
Luther ausgan
gen.

Der Weinberg des Herrn

Cranach malt den Weinberg so, daß der Betrachter selbst entscheiden kann, wer den Weinberg verwüstet und wer ihn pflegt, wo in Wahrheit der „wilde Eber“ wütet und wo nicht. Die linke, kleinere Hälfte wird von Mönchen, Nonnen, Bischöfen, Kardinälen und dem Papst bearbeitet.

Sie reißen Reben aus und den Zaun ein, sammeln Steine für den Brunnen, um ihn unbrauchbar zu machen. Die Pfähle und Weinstöcke werden bündelweise ins Feuer geworfen. Sie prügeln sich und streiten, trinken und schlafen, anstatt zu arbeiten. Einem Mönch fällt ein Kartenspiel aus der Kapuze an Stelle eines Gebetbuches! Ein Priester scheint mit seinem Bündel Stökke forschen Schrittes auf den Grenzweg zuzugehen. Will er die Seite wechseln? Der Papst behütet nicht mit seinem Hirtenstab die guten Weinstöcke, sondern verhütet durch sein Tun, daß sie gute Früchte bringen. So sind sie alle mit großem Eifer am Werke. Sind das die „guten Werke“, mit denen sie Gottes Gnade bekannt machen wollen, um dafür auch noch den „verdienten“ Lohn zu empfangen? Nach so getaner Arbeit ziehen sie jedenfalls durch das offene Tor in feierlicher Prozession aus dem Weinberg heraus, allen voran der Papst. Wird sich hinter ihnen das Tor schließen, weil der Weinberg den ungetreuen Gärtnern genommen und denen übergeben wird, die dafür sorgen, daß er gute Früchte trägt?

Von links tritt der Herr des Weinbergs mit seinem schlichten Gefolge ins Bild. Er kommt mit dem Geldbeutel in der linken Hand, um den vereinbarten Lohn zu zahlen. Das biblische Gleichnis (Matth. 20,1-16) beschreibt die Szene so, daß der Herr des Weinbergs an einem Tage zu unterschiedlichen Zeiten Arbeiter angeworben und ihnen allen gleichen Lohn, einen Groschen, versprochen hat. Bei der Entlohnung erwarten dennoch die, die den ganzen Tag gearbeitet haben gegenüber denen, die nur eine Stunde tätig waren, eine höhere Entlohnung. Aber der Herr des Weinbergs erinnert an die bei der Einstellung verabredete Abmachung. So zahlt er dem Ersten wie dem Letzten den gleichen Tageslohn. Die Vertreter der römischen Kirche haben natürlich schon länger im „Weinberg“ gearbeitet als die der jungen Kirche der Reformation. Die am längsten gearbeitet haben, bekommen auch hier ihren Lohn zuerst. So treten der Papst und sein Gefolge als erste zum Lohnempfang. Er hat seinen Groschen bereits erhalten. Er liegt in seiner rechten Hand. Aber die Hand bleibt offen ausgestreckt, so als würde sie mehr fordern. Der golde-

ne Reif am Handgelenk und die Geste des aufgestellten Daumens unterstreichen die Forderung nach höherer Entlohnung. Die den Papst begleitenden Würdenträger scheinen ihm energisch zuzureden, sich damit nicht abfinden zu lassen. Ihr Verständnis von „verdienstlichen" Werken sieht anders aus. Ihre Selbstgerechtigkeit, die keine Buße kennt, hat schon längst berechnet, was sie wert sind und welcher Platz ihnen zukommt. Und wie reagiert der Herr des Weinbergs darauf? Mit seiner erhobenen rechten Hand weist er die Forderung eindeutig zurück. ER ist der Herr des Weinbergs und bei ihm werden die Ersten die Letzten und die Letzten die Ersten sein! „Siehst du scheel drein, weil ich so gütig bin?" sagt der Herr des Weinbergs im Gleichnis des Matthäus. Der hinter Jesus folgende Jünger Petrus, erkenntlich an dem Schlüssel, schaut seinen prächtig gekleideten Nachfolger sehr skeptisch an. Der Jünger Johannes, im roten Gewand, flüstert ihm noch Entsprechendes ins Ohr. Ob das noch die Kirche ist, deren Oberhaupt auf dem Stuhl Petri sitzt? Steht sie noch in dieser apostolischen Tradition, auf die sie sich immer wieder beruft? Wie die Jünger sind auch die Betrachter zum Nachdenken eingeladen.

Luther sagt in einer Predigt: „Wenn du ein Christ sein willst und im Weinberg bist, so siehe zu, daß du nicht ein Schalksauge habest und zwar Gutes tun willst, aber nur dann, wenn du etwas damit verdienst ... So ergibt sichs denn, daß wir jene sind, die nicht nach Gott, sondern nur nach unserem Verdienst fragen ...

Die „Ersten" scheinen zwar die anderen wegen ihrer guten Werke zu sein, denn hier ist ein großes, äußeres Ansehen der Heiligkeit, und jene scheinen die „Letzten", weil da kein äußerer Schein ist ... Daß die Eltern das Haus versorgen, daß der Bauer pflügt, ist zwar Mühe, aber es hat kein äußeres Ansehen. Aber wo man fastet, sich den Kopf schert und die Kirchen mit Getön erfüllt, da sieht es nach etwas aus ...

Jene scheinen die „Ersten", da sperrt man Maul und Nase auf, darauf sieht jeder. Die im Glauben leben und das Evangelium predigen, scheinen gar geringe Werke zu tun ... Wenns die große Mühe täte, dann würden auch die Esel und die Pferde das Himmelreich verdienen. Es kommt auf die Güte und das Wohltun Gottes an." /10/

Die Reformatoren im Weinberg

Auf der rechten Seite des Weinbergs wird sachgerecht gearbeitet: Die Arbeiter verrichten Tätigkeiten, die man im Weinberg zu tun pflegt. Sie graben und hacken, harken und bewässern. Es werden Stöcke und Pfähle gesetzt, um die Reben daran zu befestigen. Die Steine werden gesammelt, um sie aus dem Weinberg zu schütten. Der Zaun ist gepflegt und die Weinstöcke werden gedüngt. Hier wird alles getan, um von den Reben gute Früchte zu ernten.

Als Arbeiter im Weinberg sind hier die Wittenberger Reformatoren zu sehen. Jeder von ihnen übt eine gärtnerische Tätigkeit aus, die für sein Wirken typisch ist und etwas von seinem Beitrag zur Reformation verrät. Die porträtgetreuen Abbildungen erlauben es uns, die meisten von ihnen zu identifizieren.

Wir sehen Martin Luther, der das Unkraut, Gestrüpp und Steine zusammenharkt, um den Boden für neue Pflanzungen zu bereiten. „Ich muß die Klötze und Stämme ausrotten, Dornen und Hecken weghauen, die Pfützen ausfüllen und bin der grobe Waldrechter, der die Bahn brechen und zurichten muß", schreibt Luther selbst 1529 in seiner Vorrede zu Melanchthons Ausgabe des Kolosserbriefes. /11/ Gottes Wort soll wieder zur Geltung kommen, darum muß er mit der großen Harke ans Werk gehen. Es ist viel „römisches Unkraut" zu beseitigen, um die wahre apostolische Tradition wieder ans Licht zu bringen. Luther steht im Zentrum des Gesamtbildes. An seinem reformatorischem Wirken scheiden sich die Geister. Durch ihn wird die Wahrheit ans Licht gebracht. Für die Gesamtkonzeption des Bildes ist er die Mitte.

Luther gegenüber arbeitet Philipp Melanchthon am Brunnen. Er zieht das frische Wasser aus der Tiefe. „Ad fontes" – „zurück zu den Quellen" – war der Ruf der Humanisten, deren hervorragendster Vertreter er war. Sein Verdienst ist es, sich um die Bildung der Kinder und Studenten in Schule und Universität bemüht zu haben. Sein Ehrentitel ist Praeceptor Germaniae – Lehrer Deutschlands. Als hervorragender Kenner der alten Sprachen arbeitet er bei der Bibelübersetzung mit und gehört zum engsten Freundeskreis Luthers. Beim Reichstag in Augsburg (1530) vertritt er die Protestanten. Die dort vorgelegte Confessio Augustana hat er formuliert. In der Vorrede zum Kolosserbrief schreibt Luther weiter: „Aber Magister Philippus fähret säuberlich und still daher, bauet und pflanzet, säet und begeußt mit Lust, nachdem Gott ihm gegeben hat seine Gaben reichlich."

Der das Wasser auf das ausgedörrte Land gießt, das Wachstum der Weinstöcke fördert und zugleich den Brunnen von Steinen reinigt, ist Johannes Forster. Als Kenner der hebräischen Sprache trägt er seinen Beitrag zur Bibelübersetzung bei. Sein unruhiger Geist führt ihn an viele Orte, so daß er auch auf diese Weise die jungen Pflanzen der Reformation begießt.

Über Forster arbeitet Johannes Bugenhagen mit der Hacke. Er trägt den Mantel des Generalsuperintendenten. Er besaß die Gabe, in seelsorgerlicher Weisheit und mit praktischem Verstand, die reformatorischen Bewegungen in feste Formen und Ordnungen zu bringen. Er verfaßt Kirchenordnungen für Braunschweig, Hamburg, Lübeck, Schleswig, Dänemark, Hildesheim, Wolfenbüttel und für seine Heimat Pommern. Er hatte die besondere Aufgabe, die vom Kurfürsten angeordnete Ordination (Einsegnung und Beauftragung zum Pfarrer) der Geistlichen des neuen Bekenntnisses für Kursachsen durchzuführen. Die Hacke als ordnungschaffendes Gerät und der violette Mantel heben ihn in seiner Besonderheit hervor. Luther hat ihn einmal als den Bischof von Wittenberg vorgestellt. Im Weinbergbild ist Luther zwar größer als er dargestellt, aber in der ruhenden Mitte der rechten Seite ist der Platz von Bugenhagen.

In einer Reihe oberhalb bindet kniend Georg Major die Reben fest, Paul Crell trägt die gefüllte Bütte zur Kelter, Caspar Cruciger und Justus Jonas setzen Stöcke in den Boden und einer wirft die Steine über den Zaun aus dem Weinberg.

Georg Major hilft als Professor und Prediger der Schloßkirche das reformatorische Werk zu festigen. Paul Crell muß auf Grund seiner Mittelstellung zwischen Philippisten und Flacianern Wittenberg verlassen, während Caspar Cruciger unter anderem bei der Einführung der Reformation in Leipzig einen Pflock in die Erde schlägt. Justus Jonas ist für die Einführung der Reformation in Naumburg und Halle eine wichtige Stütze.

Wer aber ist der, der die gesammelten Steine aus dem Weinberg schüttet? Meist wird er als Flacius Illyricus identifiziert. Im Vergleich mit überlieferten Bildern ergeben sich Ähnlichkeiten.

Auch würde das Werfen mit Steinen zu diesem streitbaren Theologen gut passen. Es gab kaum einen theologischen Streit, an dem er nicht beteiligt war. Im Streit verließ er 1549 Wittenberg.

Aber: „… warum sollte auf dem Epitaph für Paul Eber einer der schärfsten Widersacher der Wittenberger Philippisten erscheinen?“ /12/ In Anknüpfung an die Aufzählung der Arbeiter im Weinberg, wie sie bei Mentzius zu finden ist /13/, ist hier eher an Sebastian Fröschel zu denken, der 1527 Diakon, später Archidiakon an der Wittenberger Stadtkirche war. Dieses geistliche Amt machte ihn zu einem engen Mitarbeiter von Bugenhagen und Paul Eber und damit gehörte er zum Freundeskreis der Wittenberger Reformatoren. Ein Vergleich mit einer Porträtdarstellung /14/ zeigt Ähnlichkeiten mit der im Weinberg dargestellten Person. Fröschels Tätigkeit in Wittenberg könnte mit dem Aufsammeln von Steinen als Bodenbereitung verglichen werden.

Von den Arbeitern zwischen den Weinstöcken im oberen Teil ist nur noch Georg Spalatin erkennbar. Er streut den Dung an die Wurzeln. Als kurfürstlicher Sekretär hat er einen unschätzbaren Beitrag geleistet, indem er für ein gedeihliches Verhältnis zwischen Luther und dem Kurfürsten gesorgt hat. Er trägt nicht wie die anderen Reformatoren den Gelehrtenmantel sondern höfische Tracht.

Auch die beiden Mistträger sind an ihrer Kleidung als höfische Beamte zu erkennen. Sie überschreiten als einzige die Grenze zwischen beiden Weinbergseiten. Wenigstens der Mist der einen ist für die Arbeit der anderen von Nutzen. Spätestens hier spürt man den Humor, der in dieser Satire zu finden ist.

Nicht zuletzt sehen wir links unter Luther Paul Eber, der als Arbeiter im Weinberg die Reben schneidet. Er führt durch sein Wirken das reformatorische Werk fort und verhindert als Bugenhagens Nachfolger den Wildwuchs. Sein Einsatz für die Bewahrung der Lehre Luthers von den Guten Werken führt ihn bis an den Rand seiner Möglichkeiten und seiner gesundheitlichen Grenzen. Er erfüllt seine Aufgabe mit ganzer Hingabe und großem Eifer. Er kniet bei seiner Arbeit und bekennt sich damit zu den Werken, die aus dem Glauben wachsen, der sich allein auf Gottes Liebe gründet.

Unter dem Weinbergbild findet sich auf der Rahmung eine Erläuterung in Reimen:

Wundern magst dich o leser mildt,
Was das sey für ein seltzam Bild.
So stehenn thut ann diser stadt,
und viell gemeldes inn sich hatt.
So wiss und mercke vleissigk drauff.
Was deutung hann die zwene hauff.
Der Bergk die christlich Kirche bedeutt,
darin sinds böss und frumme Leuhtt.

Auff einer seitt Papistenn sinndt,
Ein gottloss, böss und frech gesinndt.
Die reissenn gottes Weinberg einn,
So er gebawtt durchs wortte feinn.
Den Brunn dess Lebens sie auch füln
Durch Ihre Werk, gotts gnad zuhüln;
Verfinstern also gottes Wortt,
Das leüchtet klar an allem Ortt.

Dagegenn auff der ander seitt,
Stehenn viell dapffer gelarte Leuhtt,
Mit ihrenn Instrumentenn all,
So mann Im Weinberg haben soll.
Sie reümen, schneiden, binden, hawenn,
Den Bergk gottes sie wieder bawenn,
Sie tilgen aus all falschen lehr.
Thun trewlich fördern gottes ehr;

Den Brunn des lebens auch gar rein,
Sie wieder thun aufreumen feinn.
Unnd machenn wieder offenbar
Gottes Gnad, so vor verfinstert war.
Die Recht meinung O frommer Christ,
dieses kunstreichenn Bildes ist.
Drum danck du gott für seine gnadt,
Das er sein Wortt uns wieder geben hatt.

Wundern magst dich o leser mildt,
Was das sey fur ein seltzam Bildt.
So stehenn thutt ann diser stadt,
Vnnd viell gemeldes inn sich hatt.
So wiss vnd mercke vleissigk drauff.
Was deutung hann die zwene hauff.
Der Bergk die Christlich Kirch bedeutt.
Darin sindt böss vnd frumme Leuhtt.
Auff einner seitt Papistenn sinndt,
Ein gottloss böss vnnd frech gesinndt.
Die reissenn gottes Weinnberg einn,
So er gebauwtt durchs wortte seinn.
Den Brunn dess lebens sie auch fuln,
Durch Ihre Werck, gotts gnad zu hüln.
Verfinstern also gottes Wortt,
Das leuchtet klar an allem Ortt.
Dargegenn auff der ander seitt,
Stehenn viell dapffer gelarten
Mitt ihrenn Instrumentenn all,
So mann im Weinnberg haben soll
Die räumen, schneiden, binden, hauwenn,
Den Bergk gottes sie wieder bauwenn,
Sie tilgen aus all falschen lehr,
Thun trewlich fordern gottes ehr.
Den Brunn des lebens auch gar rein,
Sie wieder thun auffreumen seinn.
Vnnd machenn wieder offenbar
Gottes gnad, so vor verfinstert war
Die Recht meinung O frommer Christ.
Dieses kunstreichenn Bildes ist.
Drumb danck du gott fur seine gnadt,
Das er sein Wortt vns wieder geben hatt
REVERENDVS ET CLARISSIMVS VIR DOMINVS PAVLVS EBERVS SACRÆ THEOLOGIÆ DOCTOR ET PROFESSOR NATVS IN VRBE FRAN
CIÆ KITTINGA HONESTIS PARENTIBVS ANNO CHRISTI MILLESIMO QVINGENTESIMO VNDICIMO DIE NOVEMBRIS OCTAVO INFRELICI QVODAM CASV EQVO EXCVSSVS,
ET AB ILLO LONGE LATEQVE RAPTATVS CORPORIS DECVS STATVRAM AC ROBVS AMICIT PVER ANNO CHRISTI MILLESIMO QVINGENTESIMO VI.
GESIMO QVARTO ÆTATIS TREDECIMO. VIDIT ANNO SEQVENTI TRISTEM PATRIÆ CALAMITATEM ORTAM A SEDITIOSIS TVMVLTIBVS RVSTICORVM
TOTA PASSIM GERMANIA COMMOTORVM. POSTEA NORIBERGÆ AVDITO ALIQVANDIV VIRO CLARESIMO D IOACHIMO CAMERARIO ET CACTIS CRV
DITIONIS COLIDÆ FVNDAMENTIS FOELICISSIMIS. VENIT IN HANC ACADEMIAM ANNO CHRISTI MILLESIMO, QVINGENTESIMO, TRIGESIMO SECVNDO
ÆTATIS VIGESIMO PRIMO, VBI DILIGENTIA ET ASSIDVITATI SVMMA AVDIVIT ANNOS QVATVORDECIM LVTHERVM ET PHILIPPVM ET VIR CRAT INGENIO
DOCTRINARVM AVIDO ET CAPACI ET AD SVMMA OMNIA FACTO. INTRA HOC TEMPVS COGNITIS OMNIBVS PHILOSOPHIÆ PARTIBVS SIC EMINERE ATQVE INCTA.
RESCERE CEPIT, VT ANNO MILLESIMO QVINGENTESIMO, QVADRAGESIMO QVARTO, IN SENATVM PROFESSORVM COOPTARETVS AC PRECIPVM IN DO.
CENDO LAVDEM OMNIVM TESTIMONIO DEMERERETVR. VIDIT ET HVIVS ACADEMIÆ ET OPPIDI CALAMITATES ET LIBE.
RATIONES. ANNO MILLESIMO QVINGENTESIMO, QVADRAGESIMO SEPTIMO ET OPSIDIONEM ANIMO EXCELSO ET MAGNO PERIV.
LIT. ANNO VERO MILLESIMO QVINGENTESIMO QVINOVAGESIMO OCTAVO PROPTER PIETATEM DOCTRINAM PRVDENTIAM ET
FIDEM EXCELLENTEM CONSENTIENTIBVS ACADEMIÆ ET SENATVS OPPIDANI SVFFRAGIIS AD GVBERNATIONEM ECLESIÆ IN
HOC OPPIDO VOCATVS ET GRAVISSIMO IVDICIO ILLVSRISSIMI ET INCLVTI PRINCIPIS AC DOMINI DOMINI AVGVSTI SAXONIÆ
DVCIS ET SEPTEMVIRI MVNERE ILLO IVDICATVS EST DIGNISSIMVS, CVI PRÆFVIT VIGILANTIA SOLLICITVDINE ET FIDE SVM.
MA. ET QVIDEM INTER MANIFESTA ET ILLVSTRIA PRÆSENTIÆ AC BENEDICTIONIS DEVINÆ TESTAMONIA ANNOS VNDECIM ADHIBI.
TVS INSPECTIONI ECCLESIARVM IN HIS REGIONIBVS COLLOQVIIS ITEM ET SYNODIS ECCLECIASTICIS ALIQVOT IN QVIBVS PRÆCIPVE PRVDENTIA,
VIRTVS, PITVS FIDES ET INTEGRITAS EIVS PERPETVA ENITVIT CVMQ: CHARVM FECIT PRINCIPI, ACADEMIÆ, ECCLESIÆ, ET BONIS VBIQ: VNIVERSIS.
AŌ AVTEM M.D.LXIX DIE DECEMB: X ÆTATIS LVIII. FRACTVS NON TAM ÆTATE QVAM DOLORE QVEM EX DISSIDIIS ECLESSIASTICIS PERCIPIEBAT
ACERBISSIMVM, ET DOMESTICA POSTREMI ILLIVS ANNI SVI CALAMITATE, CVM PARIC ANTE TRIA FAMILIÆ SVÆ FVNERA EXTVLISSET IN QVIBVS ET
CONGVGIS FVIT ELENÆ KVFFNERINÆ QVAM DILEXIT TENERRINE IN ARDENTI DEI INVOCATIONE PLASIDISSIME DECESSIT PROSPICIENS AC PRESAGIENS
ANIMO MVTATIONES TRISTES, QVÆ NON MVLTO POST IN HAC SCHOLA EX NERVNT: HVIC DE QVATVOR DENIS LIBERIS SVPERSTITES DVO FILII ET
DVÆ NATÆ, VT PATRI SVAVISSIMO ET CHARISSIMO GRATITVDINIS AC PIETATIS MONVMENTVM HOC SVO SVMPTV FIERI CVRARVNT.

Ausblick

Was sagen wir heute zu diesem Bild, dessen Satire einerseits zum Schmunzeln, andererseits zu ernstem Fragen Anlaß gibt. Ist das die Form, in der wir miteinander streiten? War es damals wirklich so? Wie sehen wir uns und wie die Anderen heute? Ist hier nicht doch alles stark übertrieben? Die Botschaft dieses Epitaphs atmet nicht den Geist der Oekumene, so wie wir sie heute verstehen. Oekumenisch aber hieß damals zurück zu den Ursprüngen, zurück zur Heiligen Schrift, zur Nachfolge Jesu, zurück zur Kirche unter dem Kreuz. Das hatte Konsequenzen für den Glauben, für die Frömmigkeit und die Gestalt der Kirche. Da wurden Defizite sichtbar, Irrwege offenkundig und Fehler unübersehbar. Versuche, das Gemeinsame zu suchen, blieben ohne Erfolg. Der Reichstag in Augsburg 1530 verhärtete die Gegensätze; das Angebot der Protestanten, mit dem Augsburger Bekenntnis das Verbindende in den Vordergrund zu stellen, wurde nicht angenommen. Das alles spiegelt sich im Bild vom „Weinberg des Herrn" wieder. Bei aller Schärfe und Deutlichkeit der Gegensätze hält Cranach aber an einem Weinberg fest. Er malt einen Weinberg und nicht zwei. Die Reformation hatte nicht das Ziel der Spaltung der Kirche. Die gute Arbeit der Reformatoren im Weinberg sollte der ganzen Kirche dienen, war eben doch letztlich oekumenisch. Das Weinberg-Bild ist ein Bekenntnis zu der reformatorischen Erkenntnis, daß der Mensch das Heil seines Lebens nicht durch Gute Werke gewinnt und auch nicht gewinnen kann, sondern allein durch die Liebe Gottes, die uns in Jesus von Nazareth begegnet.

Kunst wirkt wie ein Spiegel. So sind wir, so denken wir, so fühlen wir! Kunst will provozieren im wahrsten Sinn des Wortes. „Provozieren" ist von dem lateinischen Wort provocare abgeleitet und heißt: hervor-, heraus-, aufrufen, auffordern, anregen, reizen. Der Betrachter wird herausgefordert, sich zu entscheiden. Ist unser Leben von der Selbstgerechtigkeit bestimmt, die sich auf ihre Leistung gründet und dadurch nicht aufbauend sondern zerstörerisch wirkt, oder habe ich Freude an der gemeinsamen Arbeit, die nicht die Stunden zählt und abrechnet, sondern die mit Jesus rechnet. Die tiefste Ursache der Klüfte zwischen den Menschen in Kirche und Welt ist das Rechnen miteinander.

Der Salzwedeler Weinberg-Altar

Im Salzwedeler Altar von Lucas Cranach d.J. aus dem Jahr 1582 finden wir auf der Mitteltafel das Bild vom „Weinberg des Herrn“ wieder. Hier hat Cranach – vielleicht auf Anregung ehemaliger Wittenberger Studenten aus Salzwedel – das Motiv des Epitaphgemäldes für Paul Eber noch einmal verwendet.

Für die Arbeit in der Cranachschen Werkstatt ist das nicht ungewöhnlich. Wir treffen häufig in den Werken der beiden Cranachs auf die Wiederverwendung bereits bekannter Motive. In den unterschiedlichsten Werken tauchen derartige Zitate auf. Für Salzwedel ist nun aus dem typischen Epitaph mit der Familie des Verstorbenen ein Altarbild geworden. /15/ Der geänderten Funktion entsprechen auch die Hinzufügungen der Seitentafeln. Auf dem geschlossenen Altar, der äußeren Wandlung der Tafeln, sonst Heiligenabbildungen vorbehalten, werden Luther und Melanchthon dargestellt – sie besetzen deren Funktion nicht im Sinne kultischer Verehrung sondern als personifizierte Vertreter und Verfechter des neuen Glaubens.

Der für Salzwedel gestaltete Altar, losgelößt von der Person Ebers und der Aufgabe eines Epitaphs, machte zudem eine solche bildliche Vorstellung der beiden Reformatoren möglich und sinnvoll, vielleicht außerhalb Wittenbergs gar notwendig. Sie erfüllen hier eine wichtige Funktion (auch der Cranachschen Lutherporträts überhaupt): den/die Reformatoren bekannt zu machen. Ihre „Einsetzung“ steht unseres Erachtens hier nicht im Gegensatz zur von Luther abgelehnten Heiligenverehrung, auch wenn wohl gerade Luther mit dieser Hervorhebung seiner Person an einem solch bedeutsamen Platze nicht recht einverstanden gewesen wäre.

Der Abstand von 13 Jahren, der zwischen dem Wittenberger Epitaph und dem Salzwedeler Altar liegt, ist an verschiedenen Stellen, auch in der malerischen Ausführung unverkennbar. So bedeutsam wie der Altar für Salzwedel gewesen sein mag – die einzigartige Ursprünglichkeit der Wittenberger Porträts durch ihre Zeitnähe ist verlorengegangen.

Auf den nachfolgenden Doppelseiten sind (links) der Salzwedeler Altar und (rechts) das Wittenberger Epitaph gegenübergestellt.

Die Reformatoren,1582 inSalzwedel nicht mehr so bekannt wie in Wittenberg, erhalten eine Kennzeichnung durch Buchstaben (C = J. Bugenhagen). Eine in Nordhausen vorhandene Legende ist verlorengegangen.

Die Arbeit der Reformatoren hat deutende Zugaben erhalten, sie sind abweichend zum ersten Bild dargestellt, tragen ältere Gesichtszüge. Luther

ist aus der ursprünglichen Handlung – der Arbeit auf der eigenen Seite des Weinberges – herausgenommen, harkt „päpstliche Schriften" zusammen und wendet sich der Gegenseite zu. Jesus steht – für den Betrachter besonders deutlich – mit seinen Jüngern auf der Seite der Reformatoren. Beides wohl Verweise auf die zunehmende Härte der Außeinandersetzungen. Der durch die beiden Weinberghälften führende Weg ist breiter, trennender geworden und belegt diese Situation. Der Weg bildet jetzt die Mitte des Bildes, womit sich zudem ein inhaltlicher Wandel vollzog – die Nähe zum biblischen Gleichnis ist verlassen, im Vordergrund steht hier das Interesse am Aufzeigen der Gegensätzlichkeiten beider Seiten.

Auf dem Hintergrund des Bilderstreites von 1521/22 ist die Bildwahl und Anordnung der inneren Seitentafeln – die Darstellung der Beschneidung Christi, der Taufe im Jordan, des Passamahls und des Abendmahls – schwer verkraftbar. Nach reformatorischem Verständnis sind es diese Motive, die in die Mitte gehören. Das es nicht an dem ist, weist wiederum auf die Brisanz der Situation in Salzwedel, die Dramatik und Langwierigkeit der durch die Reformation bedingten Veränderungen hin.

Der Altar ist heute im J.-F.-Danneil Museum der Stadt Salzwedel zu sehen. Aus konservatorischen Gründen ist er aus der Mönchskirche, dem ehemaligen Franziskanerkloster, dorthin verbracht worden.

1
2
3
4
5
6
7
8
9/
10?
11
12

1. Martin Luther 1483–1546

Der Reformator ist am 10. November 1483 in Eisleben geboren. Die Laufbahn eines Akademikers, der nach seiner Schulzeit in Mansfeld und Magdeburg in Erfurt studiert, wird 1505 durch den überraschenden Eintritt ins Erfurter Augustinuskloster unterbrochen. Auf der Suche nach einem sinnerfüllten Leben wird er Mönch, studiert Theologie und wird 1512 Professor an der Wittenberger Universität. Mit seinen 95 Thesen zum Ablaß tritt er 1517 an die Öffentlichkeit. Die Thesen und seine frühen Schriften („Die Freiheit eines Christen" und „An den christlichen Adel") erleben begünstigt durch die Buchdrukkerkunst eine große Verbreitung und weltweite Beachtung. Durch seinen Bekennermut vor Kaiser und Reich auf dem Reichstag 1521 in Worms erfaßt die reformatorische Bewegung alle Schichten des Volkes. Luthers Bibelübersetzung und die Schriftauslegung geben der Bewegung inhaltliches Format und stellen die im Papsttum sich repräsentierende Kirche in Frage. Seine Heirat mit Katharina von Bora 1525 erregt großes Aufsehen, zeigt aber, daß seine Theologie der Püfung des Alltags standhält.

Sein umfangreiches Schrifttum ist in der „Weimarer Ausgabe" gesammelt und veröffentlicht (1883ff – 1964 Neudruck). Luther starb am 18. Februar 1546 in Eisleben. Beigesetzt wurde er in der Wittenberger Schloßkirche.

Im Weinbergepitaph ist er mit der Harke dargestellt.

2. Philipp Melanchthon 1497–1560

Philipp Melanchthon (Schwarzerd) ist am 16. Februar 1497 in Bretten geboren. Er studiert in Heidelberg und Tübingen und wird mit 21 Jahren Professor in Wittenberg. Als Humanist und Kenner der alten Sprachen reformiert er die Wittenberger Universität und baut das evangelische Schulwesen auf. Sein Ehrentitel ist Praeceptor Germaniae, Lehrer Deutschlands. Er wird Luthers engster Mitarbeiter, nahm an der Leipziger Disputation (1519) teil und arbeitete an der Bibelübersetzung mit. Er verfaßte wichtige Texte, wie die Augsburger Konfession (1530). Von ihm stammt die Beschreibung der Wittenberger Reformatoren: „Pomeranus est grammaticus, ego sum dialecticus, Justus orator, sed Lutherus est omnia in omnibus." Bugenhagen ist der Lehrer, ich bin der Theologe, Justus Jonas der Beter, aber Luther ist alles in allem! 1520 heiratet Melanchthon Katharina Krapp, die Tochter des damaligen Wittenberger Bürgermeisters.

In seinem Haus finden viele Studenten eine Unterkunft. Am 19. April 1560 stirbt er und wird in der Schloßkirche beigesetzt.

Im Weinberg zieht er das Wasser aus der Tiefe des Brunnens.

3. Johann Forster 1496–1558

Geboren am 10. Juli 1496 in Augsburg, ließ er sich am 24. September 1515 in Ingolstadt einschreiben. Hier erlangte er zu Pfingsten 1517 den Grad eines Bakkalars und den Magistergrad der freien Künste. Der Aufenthalt an der Bayrischen Landesuniversität war für ihn richtungsweisend, indem er hier bei Reuchlin Hebräisch lernte. Im Sommer 1521 wechselt er an die Universität in Leipzig. 1522 wird er zum Lehrer der hebräischen Sprache vom Rat der Stadt Zwickau berufen. 1529 erbat er seinen Abschied, weil man ihn bei der Vergabe des Rektorates übergangen hatte. Am 1. Juni 1530 schreibt er sich an der Wittenberger Universität ein. 1532 wird ihm eine untere Predigtstelle an der Schloßkirche übertragen. Er arbeitet an der Bibelübersetzung mit. Auf Luthers Wunsch wird er am 21. Juli 1535 vom Wittenberger Rat zum Diakon an der Stadtkirche gewählt. Aber am 4. August 1535 folgt er gern dem Ruf an die Tübinger Universität und übernimmt dort den Lehrstuhl für Hebräisch. Am 8. Dezember 1539 promoviert er zum Doktor der Theologie. Wegen seines Festhaltens an der Wittenberger Reformation verliert er 1541 sein Amt. Über St.Lorenz in Nürnberg und Regensburg geht er 1543 nach Schleusingen. Auch hier gibt es Unstimmigkeiten, so daß er 1546 sein Amt niederlegt und Superintendent in Merseburg wird. Zur Ruhe kommt dieser Mann erst, als er Ostern 1549 nach Wittenberg übersiedelt und in der Nachfolge von Caspar Cruciger dessen Lehrstuhl und Kanzel in der Schloßkirche übernimmt. Am 8. Dezember 1558 stirbt er. Sein bedeutendes hebräisches Lexikon erscheint erst nach seinem Tode.

Im Weinberg gießt er das von Melanchthon geschöpfte Wasser in den Boden.

4. Johannes Bugenhagen 1485–1558

Johannes Bugenhagen ist am 24. Juni 1485 in Wollin geboren. Von seinem Geburtstag hat er seinen Vornamen, von seiner Heimat seinen Beinamen Pommer, Pomeranus bekommen. 1521 kommt er als geweihter Priester mit 36 Jahren nach Wittenberg, um Luthers Theologie zu studieren. Als Ausleger der Heiligen Schrift genießt er bald hohes Ansehen. Mit seiner Berufung zum Pfarrer an der Wittenberger Stadtkirche beginnt 1523 seine bedeutendste Tätigkeit. Sein kirchenorganisatorisches Wirken findet weit über Wittenberg hinaus große Beachtung. So wird er der Reformator des Nordens, indem er in Braunschweig und Hamburg (1528), Lübeck (1530), Pommern (1534), Dänemark (1537), Schleswig (1542), auch in Hildesheim und Wolfenbüttel (1542) die reformatorische Ordnung einzuführen hilft. In Wittenberg ist er mit Luther und Melanchthon eng befreundet und gehört mit zum Mitarbeiterkreis bei der Bibelübersetzung. Luther schätzt ihn als seinen Seelsorger. Er traut ihn 1525 mit Katharina von Bora in der Stadtkirche und hält am Grabe Luthers 1546 in der Schloßkirche die Beerdigungsansprache. In der Zeit der Pest und des Krieges hält er seiner Gemeinde die Treue. Am 20. April 1558 stirbt er und wird in der Stadtkirche beigesetzt.

Im Weinberg arbeitet er mit der Hacke und trägt den Mantel des Generalsuperintendenten.

5. Georg Major 1502–1574

Geboren zu Nürnberg am 15. April 1502, wird er im Wintersemester 1511/12 an der Wittenberger Hochschule eingeschrieben, zunächst war er aber 10 Jahre Sängerknabe in der Kantorei Friedrich des Weisen. Ab 1521 studiert er an der Elbeuniversität, er erwirbt am 31. März 1522 den Grad eines Bakkalars und den eines Magisters der freien Künste. Auf Luthers Drängen hin studiert er Theologie. 1529 geht er nach Magdeburg und wird dort Rektor der Johannesschule. Ostern 1537 kehrt er nach Wittenberg zurück und übernimmt die Stelle eines Predigers an der Schloßkirche. Ab 1542 erhält er eine Beisitzerstelle im geistlichen Konsistorium. 1544 verleiht ihm der Kurfürst auf Empfehlung von Luther und Melanchthon den Lehrstuhl für Theologie, den zuvor Justus Jonas inne hatte. Am 18. Dezember 1544 promoviert er zum Doktor der Theologie. Im Schmalkaldischen Krieg findet er Zuflucht in Magdeburg. Die Angebote von Nürnberg, Hildesheim, Hamburg, Dänemark und Goslar hat er zu Gunsten der Wiederaufnahme seiner Tätigkeit in Wittenberg ausgeschlagen. Zwischenzeitlich hilft er in Nordhausen und Breslau, wie auch in Merseburg und der Grafschaft Mansfeld. Bis zu seinem Tode am 28. November 1574 ist er Professor und Beisitzer im Konsistorium.

Im Weinberg bindet er die Reben fest.

6. Paul Crell 1531–1579

Paul Crell stammt aus Eisleben, studiert in Wittenberg Theologie und beginnt über das Neue Testament Vorlesungen zu halten. Da er eine Mittelstellung zwischen Philippisten (Melanchthon) und Flacianern (Flacius Illyricus) einnahm, mußte er weichen. Vom Kurfürsten wird er zum Konsistorialrat in Meißen berufen. Er arbeitet mit bei der Abfassung der „Torgauer Artikel“ (1574). Diese sollten ein für Kursachsen verbindliches Bekenntnis werden. Die „Torgauer Artikel“ gelten als charakterloses Machwerk!

Er trägt im Weinbergbild die Bütte aus dem Weinberg zur Kelter.

7. Caspar Cruciger 1504–1548

Der am 1. Januar 1504 in Leipzig geborene Caspar Cruciger sollte der Familientradition folgend Kaufmann werden. Er studiert aber in Leipzig mit 13 Jahren alte Sprachen. Er erlebt die Disputation zwischen Luther und Eck. Als 1521 die Familie vor der Pest nach Wittenberg flieht, setzt er sein Studium hier fort und erweitert es um das Studienfach Hebräisch. Er wird Rektor an der Johannesschule in Magdeburg. 1529 kehrt er nach Wittenberg zurück. Seine Hebräischkenntnisse sind für die Mitarbeit bei der Bibelübersetzung wichtig. 1533 bekommt er eine Professur für Theologie. Von Luther sehr geschätzt bereitet er dessen Schriften für den Druck vor. In Leipzig hilft er, die Reformation einzuführen.

Am 16. November 1548 stirbt er in Wittenberg.

Im Weinberg schlägt er einen Pfahl ein.

8. Justus Jonas 1493–1555

Er wird am 5. Juni 1493 in Nordhausen geboren, studiert in Erfurt erst Jurisprudenz und später Theologie. 1521 kommt er nach Wittenberg und wird Professor für Theologie und Propst an der Schloßkirche. Bei der Bibelübersetzung wird er ein wichtiger Mitarbeiter. Er übersetzt Luthers Schrift „De servo arbitrio", auch Melanchthons „loci" und die „Apologie der Confessio Augustana" ins Deutsche. Als Freund begleitet er Luther zum Reichstag nach Worms, war auch beim Reichstag in Augsburg und beim Marburger Religionsgespräch. 1541 geht er nach Halle und hilft bei der Einführung der Reformation. Er ist auch Begleiter Luthers bei seinem letzten Aufenthalt in Eisleben, saß an seinem Sterbebett am 18. Februar 1546 und hält in Eisleben die Traueransprache für Luther. 1551 ist er Hofprediger in Koburg und ab 1553 Superintendent im Eichsfeld, wo er am 9. Oktober 1555 stirbt.

Im Weinberg setzt er einen Pfahl in den Boden.

9. Matthias Flacius Illyricus 1520–1575

Matthias Flacius ist in Albona in Istrien geboren und wird daher auch Illyricus genannt. Über Basel und Tübingen kommt er 1541 nach Wittenberg und wird ein Schüler Luthers. Nach dessen Tod entwickelte er sich zum unerbittlichen Verteidiger der lutherischen Lehre. In vielen Streitgesprächen und Schriften wandte er sich vehement gegen jede Abweichung. 1549 verläßt er nach heftigem Streit mit den „Philippisten" Wittenberg. Sein Weg führt ihn über Magdeburg, Lüneburg nach Hamburg. 1557 wird er Professor für das Neue Testament in Jena. 1561 wird er infolge des synergistischen Streites abgesetzt und geht nach Regensburg. Auch dort hält es ihn nicht lange. 1566 geht er nach Antwerpen und übernimmt als Pfarrer die lutherische Gemeinde. 1567 ist er in Frankfurt am Main, von dort geht er nach Straßburg, wo er 1573 vertrieben wird. Im Weißfrauenkloster in Frankfurt am Main stirbt er völlig verarmt 1575.

Dieser hervorragende Gelehrte eilt als Vorkämpfer der Orthodoxie von Ort zu Ort und von Streit zu Streit. Wo immer um theologische Lehre gestritten wird, ist er als Anführer zu finden. Er gilt aber als mannhafter Bekenner besonders in der Zeit des Interims. Er streitet mit Georg Major in Wittenberg um die Frage der Verbindung von Glaube und Werk. In Jena ist der synergistische Streit, wo er die Erbsünde zur Substanz des Menschen gehörig stempelte, Anlaß zur Versetzung. Zu anderer Zeit kennt er in der Auseinandersetzung um das „Adiaphoron" keine Kompromisse. Nicht anders ist es im Osianderschen Streit (Spricht Gott den Menschen gerecht, weil er sich durch Christus bereits erneuert hat oder weil ihm vergeben wird.). Mit den „Magdeburger Centurien" wurde er der Vater der evangelischen Kirchengeschichte.

Wirft dieser streitbare Theologe die Steine aus dem Weinberg?

10. Sebastian Fröschel 1497–1570

Er studiert in Leipzig Theologie, wird zum Priester geweiht, kommt aber 1522 nach Wittenberg, um Lutherische Theologie kennenzulernen. 1527 wird er an die Stelle eines Diakons der Stadtkirche berufen, später ist er Archidiakon. Er behält diese Stelle bis zu seinem Tod 1570. Im Sterberegister der Stadtkirche steht unter 1570: „M. Sebastianus Fröschelius Archidiaconus, ist den 20. Decembris in dem Hern Christo sehliglich entschlaffen." Die Stadtkirche verfügte neben der Pfarrstelle, die damals Bugenhagen und danach Paul Eber inne hatten, über mehrere Diakonenstellen, die mit Theologen besetzt wurden, weil sie pfarramtliche Aufgaben wahrnahmen. Fröschel arbeitete als Archidiakon eng mit Bugenhagen und Eber zusammen.

11. Georg Spalatin 1484–1545

Georg Burckhardt wurde am 17. Januar 1484 in Spalt bei Nürnberg geboren. Von seinem Geburtsort leitet sich sein Rufname Spalatin ab. Nach dem Besuch der Sebaldschule in Nürnberg studiert er seit Sommer 1498 in Erfurt und ab 1502 in Wittenberg, 1505 wieder in Erfurt. 1509 kam er an den kursächsischen Hof, wo ihn Friedrich der Weise zu seinem Bibliothekar und Archivar, Sekretär und Geheimer Rat, Hilfskaplan und Hofprediger ernennt. Er war einer der ersten Professoren an der neugegründeten Wittenberger Universität. Sein Verdienst ist es, daß er in seiner Position ein Mittler zwischen dem Kurfürsten und fremden Staatsmännern, ganz besonders aber zu Luther gewesen ist. Seinem Einfluß ist es zu verdanken, daß der Kurfürst den Reformator unter seinen Schutz stellte und ihn gewähren ließ. Nach Friedrichs Tod 1525 ging er nach Altenburg und führt als Pfarrer und Superintendent dort die Reformation durch. Von Altenburg aus fungierte er noch als Visitator im Kurkreis und als Betreuer der kurfürstlichen Schloßbibliothek. Er übersetzte lateinische Schriften von Luther, Melanchthon und Erasmus. Am 16. Januar 1545 ist er gestorben.

Im Weinbergbild verteilt er den Dung unter den Weinstöcken.

12. Paul Eber 1511–1569

Geboren am 8. November 1511 in Kitzingen, erhielt Paul Eber seine Schulbildung in Ansbach und Nürnberg. Am 1. Juni 1532 kommt er nach Wittenberg, studiert hier Theologie und Philosophie. Er hört bei allen großen Lehrern seiner Zeit Vorlesungen, erlangt am 27. April 1536 die philosophische Magisterwürde und wird 1537 in den Senat der philosophischen Fakultät aufgenommen. Mit Melanchthon verbindet ihn die gemeinsame Heimat und eine enge Freundschaft. Am 11. Juli 1541 ernennt ihn der Kurfürst Johann Friedrich zum Lektor am Pädagogium. Infolge kurfürstlichen Reskripts vom 30. Dezember 1543 erhält er die Professur für Grammatik und liest über die griechischen und römischen Klassiker. 1550 ist er Dekan der philosophischen Fakultät. Nach dem Tod von Johann Forster wird ihm unter dem 26. April 1557 die Lehrkanzel für Hebräisch und die Propststelle an der Schloßkirche übertragen. Kurze Zeit darauf wurde ihm ein noch größeres Amt angetragen. Nach Bugenhagens Tod am 20. April 1558 wird er Stadtpfarrer und Generalsuperintendent, zugleich Professor der Theologie. Er verfaßt Kirchenlieder und einen weit verbreiteten Kalender. Am 10. Dezember 1569 stirbt er in Wittenberg.

Er schneidet im Weinberg die Reben.

Lucas Cranach der Jüngere 1515–1586

Er wurde am 4. Oktober 1515 in Wittenberg geboren. Zusammen mit seinem älteren Bruder Hans (geboren um 1513) war er Schüler seines berühmten Vaters Lucas Cranach d.Ä., dem kursächsischen Hofmaler und Unternehmer. In der väterlichen Werkstatt lernten sie die Kunst der Malerei. Nach dem frühen Tod seines Bruders, der auf einer Studienreise 1539 in Bologna/Italien starb, rückte er in dessen leitende Stellung auf. Nach dem Weggang des Vaters 1550 nach Augsburg übernimmt er die alleinige Leitung der Werkstatt. Da die Werke aus Cranachs Werkstatt Kooperationsprodukte sind, ist es sehr schwer, die Anteile der verschiedenen Mitarbeiter nachträglich zu trennen. Nach 1539 hat Lucas Cranach d.J. seine Werke mit einem abgeänderten Wappen signiert. Das seinem Vater vom Kurfürsten 1508 verliehene Wappen zeigt eine Schlange mit Fledermausflügel, einer roten Krone auf dem Haupt und im Mund einen Rubin besetzten goldenen Ring. Im Signum des jüngeren Cranach hat die Schlange jetzt einen Vogelflügel.

Wie sein Vater nahm Lucas Cranach d.J. eine bedeutende Stellung im öffentlichen Leben Wittenbergs ein. Er war Ratsherr, mehrfach Kämmerer und 1565/66 regierender Bürgermeister. In erster Ehe war er mit Barbara Brück, der Tochter des kursächsischen Kanzlers Georg Brück, verheiratet. Die Heirat war am 20. Februar 1541. Als die erste Ehefrau am 10. Februar 1550 gestorben war, heiratete er am 24. Mai 1551 Magdalene Schurff, die älteste Tochter des Wittenberger Professors der Medizin Augustin Schurff. Sie starb am 3. Januar 1606.

Im Altarraum der Wittenberger Stadtkirche befindet sich sein Epitaph, das ihm und seinen beiden Ehefrauen von den Erben gestiftet wurde. Es zeigt die Grablegung Christi. Die beiden Schrifttafeln halten links das Andenken an Lucas Cranach d.J. und rechts das seiner Ehefrauen fest. Zwischen beiden Tafeln finden sich die Buchstaben S.W.F., das bedeutet: geschaffen von Sebastian Walther, einem Freund der Familie Cranach aus Dresden.

Der Schwiegersohn, Generalsuperintendent Polycarp Leyser, hat dies Denkmal errichten lassen. Der Text ist lateinisch abgefaßt und lautet deutsch: „Dem Andenken und der ewigen Hoffnung Lucas Cranachs, der seinem Vater, jenem deutschen Apelles, an Gaben und Kunstfertigkeit nacheiferte. Geboren zu Wittenberg am 4. Oktober 1515 war er der erste unter den Bürgern dieser Stadt und zuletzt Bürgermeister. Er ragte hervor durch Gewissenhaftigkeit, Ansehen, Freundlichkeit und Freigiebigkeit, trachtete immer nach Eintracht, trat beständig ein für die Religion – ein lebendiges Bild seiner Zeit, d.h. der Lutherischen, und legte seine sterbliche Hülle ab am Tage der Bekehrung Pauli, deren Darstellung das letzte Zeugnis seiner Kunst war im Jahre 1586. Errichtet von seinen Erben."

Lucas Cranach d.J. wurde in der Stadtkirche beigesetzt. Seine Grabstelle ist vor der Empore in der Gegend des letzten südlichen Pfeilers. Dort soll eine Grabplatte gelegen haben mit folgender Inschrift: „A. 1586, d. 25. Jan. ist der Ehrenveste, Wohlweise und kunstreiche Herr Lucas Cranach, Maler, weiland Bürgermeister, seliglich entschlafen und allhier zur Erde bestätigt worden, seines Alters 71 J, 3 Mon. und 21 Tage, dessen Seele Gott gnade."

Anmerkungen

1 auf einer früheren Rahmung war auch die Jahreszahl 1569 verzeichnet, vgl. Schadow S. 103
2 Jesaja 5,1; Johannes 4,18
3 4. Mose 22,24; Psalm 80,9–14; Sprüche 24,30f; Jesaja 5,5
4 3. Mose 25,3; Johannes 15,2
5 Jesaja 1,8; 5,1–7; Matthäus 21,32-41
6 Psalm 80,13–17 nach der Übersetzung von H. Menge
7 Evangelisches Gesangbuch (EG) Nr. 366
8 nach „Reformation in Dokumenten", Weimar 1967, S. 85ff
9 vgl. Katalog der Ausstellung: Martin Luther, Lutherhalle Wittenberg
10 WA 29, 34–45, Predigt 24.01.1529, nach Aland, Luther Deutsch, Bd. 8
11 WA Bd. 30.2, S. 68f
12 Doren Hähnel (Leipzig) macht in ihrer Magisterarbeit (S. 52) auf dieses Problem aufmerksam.
13 Mentzius, Liber secundus, S. 70: „Lutherus, Melanchthon, Bugenhagius, Crucigerus, Forsterus, Maior, Eberus, Froschelius, Crellius et alii eorum cooperarii."
14 Mortzfeld, Peter: Die Porträtsammlung der Herzog-August-Bibliothek Wolfenbüttel
15 vgl. Kalmbach Ulrich, Weinberg-Altar

Literatur

Aland, Kurt: Luther Deutsch, Bd. 10 - 2. Aufl. – Göttingen 1983

Bellmann/ Harksen/ Werner: Die Denkmäler der Lutherstadt Wittenberg / bearb. von Fritz Bellmann, Marie-Luise Harksen und Roland Werner. – Weimar 1979

Düfel, Hans: Lucas Cranach d.J. In Theolog. Realenzyklopädie, Bd. 8 – Berlin 1981

Grimm, Claus (Hrsg.): Lucas Cranach – ein Maler-Unternehmer aus Franken – Regensburg 1994

Junghans, Helmar: Wittenberg als Lutherstadt – Berlin1979

Kalmbach, Ulrich: Der Weinberg-Altar v. Lucas Cranach d.J. aus der Mönchskirche in Salzwedel – Spröda 1996

Kastner, Ruth: Quellen der Reformation 1517–1555 – Darmstadt 1994

Müller, Nikolaus: Die Funde in den Turmknäufen der Stadtkirche zu Wittenberg – Magdeburg 1912

Die Religion in Geschichte und Gegenwart (RGG) - 2. Aufl. – Tübingen 1931

Rogge, Joachim: Martin Luther – Berlin 1983

Schade Werner: Altar- u. Epitaphbilder Lucas Cranach d.J - Dipl.-Arbeit – Berlin 1956

Schadow, Johann Gottfried (Hrsg.) Wittenbergs Denkmäler - Nachdruck der Ausgabe von 1825 – Halle 1992

Steinwachs, Albrecht: Der Reformationsaltar von Lucas Cranach d.Ä. in der Stadtkirche St. Marien, Lutherstadt Wittenberg. – Spröda 1998

Steinwachs, Albrecht: „Und Friede auf Erden: eine Weihnachtsgeschichte."

Lucas Cranach d.J., Anbetung der Hirten, 1564, Epitaph für Caspar Niemeck – Spröda 1999

Steinwachs, Albrecht: Die Stadt- und Pfarrkirche St. Marien der Lutherstadt Wittenberg – Spröda 2000 (ein Kirchenführer)

Steinwachs, Albrecht: Die Stadtkirche der Lutherstadt Wittenberg – Spröda 2000

Thulin, Oskar: Cranach-Altäre der Reformation – Berlin 1955

Thulin, Oskar: Reformatoren im Weinberg, Textheft zur Imago-Bildreihe – Berlin 1967

Zitzlaff, Ernst August: Die Begräbnisstätten Wittenbergs und ihre Denkmäler – Wittenberg 1896

Für freundliche Unterstützung der Drucklegung danken wir der Sparkasse Wittenberg.

Die Abbildung des Weinberg-Altars Salzwedel erfolgt mit freundlicher Genehmigung des J.-F.-Danneil-Museums Salzwedel.

Impressum

Buchgestaltung: Ulrike Weißgerber, Leipzig
Scans: Huth & Möller, Leipzig
Druck/Bindung: Messedruck Leipzig GmbH

ISBN: 3-00-008905-5 (dt.)
ISBN: 3-00-008904-7 (engl.)